SAINTE AURÉLIE

NOTICE SUR CETTE JEUNE SAINTE

ET SUR SES RELIQUES

QUE

POSSÈDE L'ÉGLISE DE NOTRE-DAME-DES-VICTOIRES

Par M. l'abbé V. DUMAX

Sous-Directeur général de l'Archiconfrérie.

Prix : 75 c. ; avec la photographie de sainte Aurélie 1 fr. 25

AU SECRÉTARIAT DE L'ARCHICONFRÉRIE

A L'ÉGLISE DE NOTRE-DAME DES VICTOIRES

Dépôt général, chez M. GÉRARDIN, 18, rue des Vieux-Augustins

PARIS

1864

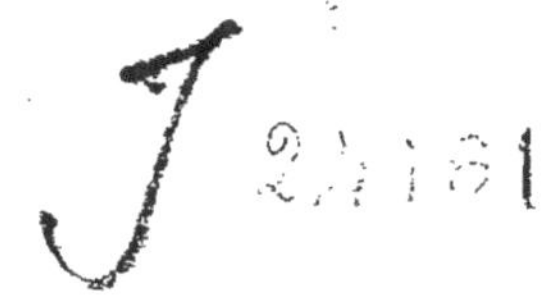

SAINTE AURÉLIE

NOTICE SUR CETTE JEUNE SAINTE

ET SUR SES RELIQUES

QUE

POSSÈDE L'ÉGLISE DE NOTRE-DAME-DES-VICTOIRES

Par M. l'abbé V. DUMAX
Sous-Directeur général de l'Archiconfrérie.

AU SECRÉTARIAT DE L'ARCHICONFRÉRIE

A L'ÉGLISE DE NOTRE-DAME DES VICTOIRES

Dépôt général, chez M. GÉRARDIN, 18, rue des Vieux-Augustins
PARIS

1864

ÉTUDE PRÉLIMINAIRE

LES CATACOMBES DE ROME

La dépouille mortelle de la jeune sainte dont nous entreprenons de raconter l'histoire ayant été conservée pendant seize siècles dans les Catacombes de Rome, avant de commencer notre récit, nous croyons utile de donner au lecteur une notion générale sur ce monde souterrain de la ville sainte, et de l'initier brièvement à tout ce qui, dans ces anciennes demeures des premiers chrétiens, peut avoir rapport à notre sujet. — Au reste, n'ayant aucune autorité personnelle en pareille matière, nous nous empressons de dire que toutes nos explications sont empruntées au grand ouvrage sur les catacombes publié par M. Perret, au tome IV des *Trois Rome* de Mgr Gaume, enfin aux notes que nous avons recueillies à Rome, à la suite d'entretiens avec l'un des plus savants archéologues de la ville sainte, M. le chevalier de Rossi.

Les catacombes (1) de Rome, tout le monde le sait, sont des retraites souterraines où les chrétiens se retiraient dans les premiers siècles de l'Eglise pour se soustraire aux poursuites des païens et où ils enterraient leurs morts. Mais comment se faire une idée de ce sombre séjour? Aussi bien les descriptions les plus fidèles pâlissent devant la réalité.

---

(1) Originairement le nom de *Catacombe*, c'est-à-dire *lieu près des tombeaux*, ne fut donné qu'à la partie du vaste cimetière de saint Calixte, située près de la chapelle souterraine où les fidèles déposèrent les corps de saint Pierre et de saint Paul pendant une des premières persécutions, ainsi que l'atteste l'ancien calendrier romain.

Figurez-vous, dans les entrailles de la terre (1), au sein de l'obscurité la plus profonde (2), d'innombrables galeries, tantôt courant en ligne droite, tantôt se courbant sur elles-mêmes, fuyant dans tous les sens, se coupant, se mêlant comme les allées d'un labyrinthe (3). Des galeries ! que dis-je ? la largeur de ces voies souterraines est d'un mètre à peine ; deux personnes ne pourraient y marcher commodément de front. D'ordinaire, la hauteur des parois n'excède pas trois mètres ; quelquefois leur élévation n'est que de quatre ou cinq pieds : il faut presque y ramper.

Des deux côtés de ces étroits corridors, se trouvent les tombes de nos pères dans la foi (4). Ces tombes, horizontalement creusées dans l'épaisseur même du tuf (5), sont superposées les unes aux

---

(1) On pénétrait dans les catacombes par des escaliers secrets pratiqués le plus souvent au milieu des vignes ou dans les jardins des environs de Rome appartenant à des chrétiens. Ces escaliers étaient très-multipliés, afin que les fidèles pussent plus facilement se soustraire aux recherches des persécuteurs, et parce que c'était une loi que les hommes et les femmes eussent leurs entrées différentes.

(2) Pour que les chrétiens pussent se diriger au milieu de cette obscurité, de distance en distance, de petites lampes de terre cuite ou de bronze étaient suspendues à la voûte des galeries ou fixées dans les parois latérales. En certains endroits, des ouvertures pratiquées dans l'épaisseur des terres, à l'instar des conduits de nos cheminées, laissaient pénétrer dans les souterrains quelques reflets de lumière et servaient à en renouveler l'air. — Ces ouvertures étaient appelées Lucernaires, *luminaria*, à cause de leur destination. Elles étaient entourées au niveau du sol, d'un petit mur d'un pied environ, qui les protégeait contre les dégradations que les pluies n'eussent pas manqué d'y causer, et elles étaient dis· posées en pente oblique, afin que les terres et les pierres qui auraient pu s'y introduire, malgré toutes les précautions, ne tombassent pas d'aplomb dans les galeries, au risque de blesser les fidèles. Peut-être leur donnait-on aussi cette inclinaison, parce qu'en certaines circonstances, on s'en servait pour descendre les vivres dans les catacombes ou même les corps des martyrs, lorsque la crainte d'être découvert ne permettait pas de recourir aux entrées ordinaires.

(3) En certains endroits, il y a jusqu'à trois et quatre étages de galeries superposées ; elles correspondent les unes aux autres par des escaliers secrets.

(4) Ces tombes sont appelées, dans les anciens auteurs, des *loculi.* « En général, chaque *loculus* ne peut recevoir qu'un corps. Il en est cependant qui sont destinés à deux et à trois défunts, quelques-uns à un plus grand nombre. On désigne les premiers par les noms moitié latins et moitié grecs de *bisomum* et de *trisomum*, tombe à deux, à trois corps. Les derniers retiennent le nom grec *de polyandrum*, tombe pour plusieurs. » (Mgr Gaume, les *Trois Rome*, tom. IV. p. 105.)

(5) Trois couches différentes de terrain superposées forment le sol de la campagne romaine. La première est une terre volcanique appelée *Pouzzolane* : elle servait autrefois et sert encore aujourd'hui à composer le ciment romain si renommé dans les constructions. La dernière est une pierre dure et impénétrable qu'on nomme pour cette raison tuf *Lithoïde*. Entre ces deux couches il en est une troisième qui tient de l'une et de l'autre : on la désigne sous le nom de tuf *granulaire*. C'est dans cette couche que se trouvent les catacombes.

Quelques auteurs peu sérieux ont avancé que les catacombes ne sont pas autre chose que les carrières d'où les Romains tiraient la *pouzzolane* et que par conséquent on ne doit pas les regarder comme l'œuvre des premiers chrétiens. C'est une erreur. Indépendamment que les catacombes ne se trouvent pas dans la cou-

autres sur trois ou quatre rangs et quelquefois davantage (1).

Dans le principe, elles étaient fermées, par de larges tuiles ou par des dalles de pierre ou de marbre sur lesquelles étaient gravés les noms du défunt à côté du monogramme du Sauveur ou de quelque symbole chrétien, avec une palme si la sépulture cachait les restes d'un martyr (2). Aujourd'hui presque toutes les tombes sont ouvertes. Celles qui renfermaient des corps de martyrs ont vu leurs précieuses dépouilles

---

che de la pouzzolane, mais dans celle du tuf granulaire, les souterrains creusés dans la pouzzolane pour l'extraction de cette terre volcanique n'auraient pas offert aux chrétiens un abri assez sûr contre leurs persécuteurs : ces carrières étaient trop fréquentées et d'un accès trop facile, à cause de la largeur des voies qu'on y avait pratiquées pour le passage des chariots. Par une raison contraire, la seule inspection des catacombes, telles qu'on les voit aujourd'hui et que nous les ont laissées les chrétiens du IVe siècle, avec leurs angles en saillies et leurs chemins étroits, ne permet pas de supposer qu'elles aient jamais eu la primitive destination qu'on voudrait leur attribuer. — Ce n'est pas à dire que les premiers chrétiens ne se soient pas servi d'abord des carrières de pouzzolane. Tout porte à le croire au contraire. Ils avaient besoin de se cacher ; c'étaient les seuls abris qui s'offrissent à eux. Mais l'assurance qu'ils acquirent bientôt que ces lieux connus et faciles à explorer ne pouvaient les protéger, leur fit songer à se faire des retraites plus sûres et l'idée des catacombes surgit d'elle-même. Que devinrent alors les carrières de pouzzolane dont on ne trouve aujourd'hui que de rares vestiges ? Les chrétiens les firent peu à peu disparaître, en y déchargeant les terres qu'ils enlevaient à la couche inférieure : c'était le moyen le plus sûr et le moins dispendieux de se débarrasser de ces débris inutiles pour eux et qu'ils n'auraient pu d'ailleurs transporter au dehors sans éveiller l'attention de leurs ennemis.

Voici comment ils procédaient dans la construction de ces retraites souterraines. Ils commençaient par se procurer, s'ils n'appartenaient pas déjà à quelque chrétien, la vigne ou le champ sous lesquels se trouvait l'entrée d'une carrière. On se mettait de suite à l'œuvre. Au moyen d'excavations profondes, on pénétrait jusqu'au tuf granulaire, dont on suivait les couches pour creuser les galeries. Quant à la terre extraite de ces excavations aussi bien que des galeries, ainsi qu'il a été dit plus haut, on la jetait dans les carrières de pouzzolane. Lorsque celles-ci étaient combles, on la transportait avec précaution pendant la nuit dans les campagnes voisines. Si l'on ne pouvait avoir recours à ce dernier moyen, et que, par suite de l'abondance des morts, il fût devenu nécessaire d'ouvrir de nouvelles galeries, on comblait avec les terres fraîchement extraites d'anciennes galeries déjà remplies de sépultures et inutiles d'ailleurs pour la circulation. Ainsi l'on pouvait toujours multiplier les asiles de la mort.

(1) En certains endroits plus élevés, il y a jusqu'à dix et onze sépultures superposées

(2) Lorsque le supplice avait été sanglant, une ampoule, renfermant le sang du martyr, était enchâssée, dans le ciment à l'angle de la sépulture. La palme était le signe du martyre non sanglant. Les premiers chrétiens ne pouvaient pas employer d'emblème plus connu et plus autorisé par l'usage. Chez tous les peuples, et plus spécialement chez les Romains et chez les Juifs, la palme était regardée comme le symbole de la victoire et du triomphe. Il y a plus : le Saint-Esprit lui-même a consacré cette signification dans nos saints Livres. En certains endroits même, il présente la palme comme un des attributs des martyrs dans la gloire. Pour n'en citer qu'un exemple, saint Jean, dans l'Apocalypse, nous montre les héros chrétiens devant le trône de l'Agneau, portant des palmes à la main : *Stantes ante thronum et in conspectu agni, et palmæ in manibus eorum.*

enlevées par la piété des Papes; elles ont été enrichir les sanctuaires célèbres du monde chrétien. Les autres ont dû livrer à la science archéologique leurs marbres et leurs inscriptions; dans la plupart de ces dernières, on voit encore, au milieu de débris d'ossements, une poussière blanchâtre: la cendre des morts y est mêlée à la chaux dont on entourait les cadavres pour les soustraire à l'influence de l'air et de l'humidité.

Que dire de l'étendue de cette cité souterraine? ce n'est pas une ville, c'est tout un monde. On croit communément que les catacombes étaient localisées dans telle ou telle partie des environs de Rome: c'est une erreur. Les récits des anciens pèlerins, confirmés par des découvertes récentes, attestent qu'elles formaient un vaste réseau autour de la ville éternelle. Elles s'étendaient, jusqu'à dix ou quinze milles, sous les collines qui l'entourent, comme les rameaux d'un arbre immense (1). Au reste, voici des chiffres qui donnent une idée plus exacte de cette immensité que toutes les paroles. — Il faut environ deux heures pour parcourir les galeries de la catacombe dite de saint Calixte, ouvertes aujourd'hui aux pèlerins: or, c'est à peine la vingtième partie de cette catacombe; et il y en a vingt-huit ou vingt-neuf autres portant chacune un nom différent. — On a calculé que, si toutes les galeries étaient jointes les unes aux autres sur une même ligne, elles formeraient un chemin de plusieurs milliers de kilomètres. De là, il est facile de con-

---

(1) De loin en loin, dans les galeries, on rencontre des excavations de grandeurs différentes. Les archéologues les divisent en trois classes, et leur donnent des noms divers, selon leur étendue et la destination qu'elles avaient primitivement. Les plus petites et les plus nombreuses — le P. Marchi en a compté plus de soixante dans un seul quartier de la catacombe de Sainte-Agnès — sont appelées chambres, *cubicula* : c'étaient des lieux de sépulture particuliers que de pieux chrétiens obtenaient pour leur famille ou pour quelques-uns des leurs. On nomme les secondes criptes, *cryptæ*, les troisièmes chapelles et églises : quelques auteurs désignent ces dernières sous le nom de places, *areæ*, sans doute à cause de leurs plus grandes dimensions et parce qu'elles se trouvaient ordinairement au point de jonction de plusieurs galeries. Quoi qu'il en soit, les cryptes et les areæ servaient aux assemblées des fidèles : ce furent les premiers sanctuaires de l'Église chrétienne. Une simple ouverture, pratiquée dans la galerie, le plus souvent au niveau du sol, y donne accès. La plupart de ces chapelles se terminent en rond-point : cependant la forme absidale n'est point invariable. Au fond, sous une voûte circulaire (monumentum arcuatum), creusée dans l'épaisseur du tuf, se trouvait le tombeau ou *arcosolium* d'un martyr. Le *loculus* où reposaient les saintes reliques était un peu exhaussé au-dessus du sol et formait une saillie d'un demi mètre environ. Une dalle recouvrait la partie supérieure du tombeau et servait d'autel : car, de toute antiquité dans l'Église, ce fut un usage inviolable de célébrer les saints mystères sur les restes précieux de ceux qui avaient généreusement versé leur sang pour la défense du Christ et de sa divine loi. La voûte du *monumentum arcuatum* et toute la partie absidale de la chapelle étaient ordinairement décorées de peintures. Dans les parois latérales, des *loculi* étaient disposés par étage comme dans les galeries. — Bien que moins nombreuses que les simples *cubicula*, les chapelles (cryptes ou areæ) sont très-multipliées : ce qui permettait aux chrétiens de se trouver, séparément il est vrai, mais en même temps, dans la même catacombe, au nombre de plusieurs mille.

jecturer quel nombre prodigieux de tombes renferment ces souterrains : on ne saurait en faire au juste l'évaluation : on en compte plusieurs millions dans la seule catacombe de saint Calixte.

Note sur les principaux symboles chrétiens, représentés sur les tombeaux et dans les peintures des catacombes.

Au premier rang de ces symboles sacrés, il faut mettre le *Poisson*. Partout on le rencontre. Cet emblème est à la fois un des plus significatifs et des plus ingénieux ; car il a le privilége de représenter, et les chrétiens et le Christ lui-même.

1° Il représente les chrétiens. « Nés à la Foi dans les eaux du Baptême comme le poisson au sein de l'élément liquide, nos pères se désignaient eux-mêmes sous le nom de petits poissons, *pisciculi*. Et de même, leur disaient les interprètes des divins mystères, que les poissons ne peuvent vivre hors de l'eau, de même nous ne pouvons vivre de la vie de la grâce et nous sauver, qu'en demeurant dans les ondes du baptême où nous avons reçu la vie par Jésus-Christ. — De cette antique et mystérieuse appellation est venu le nom de *piscine*, employé de nos jours encore pour désigner le lieu où l'on verse l'eau baptismale, après l'administration du Sacrement. »

2° Il représente Notre-Seigneur Jésus-Christ. En effet, si l'on décompose le mot grec Ἰχθῦς qui signifie poisson, on obtient les premières lettres de cette phrase : Ἰησοῦς Χριστὸς, Θεοῦ Ὑιος, Σωτήρ, qui veut dire Jésus-Christ, fils de Dieu, Sauveur. Ainsi dans ce seul mot, dont le sens était complétement inconnu des profanes, le chrétien trouvait avec le nom du divin maître ses titres les plus sacrés aux adorations et à la reconnaissance du peuple prédestiné.

« De tous les poissons, le Dauphin est celui qui se rencontre le plus souvent sur les monuments primitifs. D'où lui vient ce privilége ? Tous les naturalistes anciens, tels que Pline, Aristote, Elien, reconnaissent à ce poisson des qualités qui devaient le faire choisir pour emblème par les chrétiens. Les plus saillantes sont d'une part, sa tendresse pour ses petits, et d'autre part son agilité et son calme pendant les tempêtes. » (Mgr Gaume, *Trois Rome*, tom. IV, page 346 et suiv.)

Au nombre des autres emblèmes employés par nos pères, et qu'on retrouve plus souvent dans les inscriptions des tombeaux, figurent l'Ancre et l'image d'une Maison ou d'un Navire. La *maison* représente le corps humain qui est la demeure de l'âme. Le *navire*, l'âme chrétienne qui, ballotée sur la mer de ce monde, se dirige vers l'éternité ; *l'ancre* est le signe de l'espérance et de la force.

Outre le poisson, on compte encore, parmi les emblèmes empruntés au règne animal, dans les catacombes :

La *Colombe*. Messagère de la paix et de la vérité, emblème de l'innocence, de la douceur, de la simplicité, de la charité, figure du Saint-Esprit, la colombe était à elle seule un livre de méditation parfaitement approprié aux besoins de l'Eglise naissante. — Il est même probable que les chrétiens y voyaient Notre-Seigneur lui-même, dont la colombe exprimait si clairement les aimables perfections. De là vient peut-être l'antique usage de conserver la sainte Eucharistie dans des tabernacles faits en forme de colombe. — Sur le marbre des tombeaux, la colombe était le plus souvent l'image de l'âme retournant à Jésus-Christ.

Le *Cerf.* Habitant les forêts et les montagnes solitaires, il est l'emblème de l'âme exilée qui soupire après le repos, le rafraîchissement et les torrents des délices éternelles.

Le *Paon.* Dans cet oiseau, dont l'antiquité regardait la chair comme incorruptible, les chrétiens voyaient une figure naturelle de leur dogme chéri, la résurrection des corps : le mystérieux volatile représentait encore l'incomparable beauté dont les élus seront revêtus.

La *Brebis.* C'était le symbole de la mansuétude et de la patience dont les chrétiens devaient donner l'exemple.

Le règne animal n'est pas le seul à fournir des emblèmes à l'art primitif dans les catacombes. Le règne végétal, si gracieux et si varié dans ses productions, lui apporte un large tribut. Images de l'homme dans sa vie, dans sa mort et dans sa résurrection, les arbres sont souvent reproduits dans la partie décorative des anciens monuments.

Le *Cyprès* est un de ceux qui revient le plus souvent. C'est que la pensée de la mort, symbolisée par cet arbre, était et devait être sans cesse présente aux premiers fidèles. Quelquefois on trouve une maison gravée à côté d'un cyprès : ce double symbole signifie que le corps humain, qui est comme la demeure de l'âme, est détruit par la mort.

A chaque instant aussi on rencontre le *Rameau d'olivier.* Tantôt il est seul, tantôt une colombe le porte à son bec ou se repose sur lui. Le symbole qu'il révèle se devine facilement.

Héritiers des traditions primitives, tous les peuples anciens conservèrent, avec la connaissance du déluge, le souvenir du rameau d'olivier qui fut apporté au patriarche Noé par la mystérieuse colombe, en signe de la paix rendue à la terre. De là, l'olivier fût-il toujours regardé comme le symbole de la paix. Appliquant cette idée, reçue partout, au monde futur, les chrétiens gravaient ou peignaient sur les tombes un rameau d'olivier, pour annoncer la paix dont jouissaient, dans le sein de Jésus-Christ qui s'est appelé lui-même *notre paix,* les âmes chrétiennes après les pénibles combats de la vie.

Bien que plus rare, la *Couronne* orne souvent les pierres tumulaires et les peintures des catacombes. C'est l'emblème du repos dans la paix et dans la victoire : aussi, quoiqu'elle ne soit pas une marque distinctive du martyre, se rencontre-t-elle sur des tombes de martyrs avec la palme. Elle est formée le plus ordinairement de deux branches d'olivier qui se croisent et se réunissent au sommet. (*Trois Rome,* tome IV.) C'est peut-être par allusion à cette couronne que l'Eglise chante dans l'office des martyrs : *Rubri fluido sanguine, fulgidis — cingunt tempora laureis.*

Note sur le monogramme du Sauveur
dans les catacombes.

Le monogramme du Sauveur, tel qu'on le trouve dans les monuments primitifs des catacombes, se compose des deux premières lettres grecques du mot Christ enlacées l'une dans l'autre. Ce signe avait le double avantage de rappeler le nom du Rédempteur, et de représenter sans offusquer les catéchumènes l'instrument de son supplice (1), c'est-à-dire le grand mystère, qui était le salut du monde, le plus important enseignement de l'Eglise et le dernier mot de tout le symbolisme chrétien. Aussi, était-il partout exposé aux regards des premiers fidèles, dans les fresques (2), dans les bas-reliefs, dans les inscriptions, jusque sur les lampes à l'usage des fidèles. Mais c'était surtout sur les pierres tumulaires qu'on aimait à le multiplier : seul ou après un nom quelconque, il signifiait que dans cette sépulture reposait un disciple du Christ; à côté de ces mots qui se rencontrent sou-

---

(1) Saint Paul nous apprend que l'instrument de supplice sur lequel le Sauveur expira, la croix, était un scandale pour les Juifs et une folie pour les Gentils. La peindre ou la sculpter dans les cryptes des catacombes, où se réunissaient avec les néophytes les catéchumènes, et mêmes des païens et des Juifs, désireux de connaître la religion, eût été un manque de prudence. Par égard pour la faiblesse de ces esprits encore imbus de préjugés, non-seulement on ne représentait pas l'image du Sauveur crucifié (*), mais on ne traçait pas même celle de la croix.

Toutefois, ces signes étant l'expression d'un des dogmes principaux de l'Église, devaient être nécessairement rappelés à la pensée et à l'esprit des chrétiens (**). Pour concilier cette double exigence, on imagina de dissimuler la croix sous un emblème qui la cachait aux yeux inexpérimentés et semblait n'exprimer que les simples initiales du nom adorable de Notre-Seigneur.

L'horreur qu'inspirait aux Juifs et aux païens ce bois autrefois infâme et ignominieux était telle, et subsistait avec tant de force dans l'âme des convertis, qu'a-près l'ère des persécutions, lorsqu'on commença à représenter la croix dans les peintures chrétiennes, craignant de la laisser apparaître dans son austère nudité, on eut soin de la couvrir de perles et de l'environner de roses. La croix perlée, *Crux gemmata*, se trouve souvent dans les monuments du quatrième siècle. Ce ne fut que plus tard que se répandit l'usage de représenter le Sauveur sur la Croix.

(2) Dans une fresque célèbre de la catacombe de saint Prétextat, du deuxième ou troisième siècle, *Jésus retrouvé parmi les docteurs*, on voit deux monogrammes du Sauveur. Il en est de même dans la belle fresque de la *Sainte-Vierge tenant sur ses genoux l'enfant Jésus* qu'on a trouvée dans la catacombe de sainte Agnès et dont le père Marchi place l'origine à la fin du deuxième siècle : deux monogrammes du Christ sont disposés de chaque côté de la Vierge.

(*) C'était le plus souvent sous l'image du sacrifice d'Isaac qu'on représentait celui de Jésus-Christ.

(**) Au rapport de Tertulien, les premiers fidèles ne faisaient pas la moindre action sans graver sur leur front le signe adorable de la Croix.

*

vent: *depositus in pace,* il proclamait que le défunt reposait dans la
paix de Jésus-Christ; auprès du nom d'un martyr ou à la suite de cette
expression *bene merenti* (comme dans l'inscription de sainte Aurélie), il
voulait dire que le généreux soldat du Christ avait combattu avec lui et
triomphait avec lui.

Avec le temps, l'emblème sous lequel on désignait primitivement le
nom du Sauveur a changé de forme, ou plutôt l'usage a prévalu de
substituer le monogramme du nom de Jésus à celui du mot Christ.

Dans les mosaïques bysantines, sur les diptyques et triptyques du
moyen âge, on commence à trouver les lettres IHS qui sont les initiales du nom de Jésus, tel qu'il est écrit dans la langue grecque
(ΙΗΣΟΥΣ).

L'histoire de l'Église signale qu'au quinzième siècle, ce dernier monogramme du divin maître fut mis en grand honneur parmi les chrétiens, et il est à croire que saint Bernardin de Sienne servit puissam-
ment à le propager. Ses historiens rapportent qu'il avait l'habitude de
porter avec lui, dans ses missions, un tableau au milieu duquel brillait
ce monogramme entouré de rayons; et il ne manquait pas de l'expliquer
dans ses sermons et d'en exalter la vertu. — Ce petit tableau doit se
trouver encore aujourd'hui dans la galerie du Bon-Jésus à Florence.

<hr>

Note sur l'image du bon pasteur dans les peintures et sur les tombeaux des catacombes.

L'image du Bon-Pasteur rappelle l'une des plus touchantes paraboles
de l'Evangile. Notre-Seigneur s'était représenté lui-même sous la figure
d'un berger qui laisse son troupeau pour courir à la recherche de la
brebis égarée, et qui, lorsqu'il la retrouve, la place sur ses épaules, lui
épargnant ainsi jusqu'à la fatigue de la route et la ramène triomphant
au bercail. C'était aussi sous le charme de cette riante allégorie que
l'Eglise, dès son berceau, aimait à rappeler à ses enfants les ineffables
prévenances de la miséricorde divine; et, de toutes les figures symboliques, le bon pasteur est celle qui est le plus souvent reproduite dans
les différents cimetières de Rome. (*Les Catac.* L. Perret.)

Plus que tous les autres, ce sujet était en rapport avec les besoins
de l'Eglise naissante. Chaque jour, elle voyait venir à elle ou le disciple
de Moïse, esclave tremblant du Sinaï ou le païen adorateur de divinités
qui s'abreuvaient de sang humain; tous, juifs et gentils, enveloppés,
comme dit saint Paul, dans l'iniquité et couverts de honteuses souillu-
res. Or, quelle merveilleuse impression devait produire sur ces âmes
effrayées et coupables, la vue du Dieu de l'Evangile, sous la forme d'un
berger qui n'attend pas le retour de la brebis égarée, mais qui court à
sa recherche et qui, pour lui épargner la fatigue du voyage, la place

doucement sur ses épaules et la rapporte triomphant au bercail ! Faut-il s'étonner si, à la vue de tant de miséricorde, les païens eux-mêmes se sont écriés : Qu'il est bon le Dieu des chrétiens ! (*Trois Rome*, tome, IV, p. 313.)

Ordinairement Notre-Seigneur est représenté dans cette circonstance sous la figure d'un jeune homme brillant de grâce et de beauté; sa tunique est courte; il est ceint et chaussé à la manière des voyageurs.

Tel est-il sur la dalle de marbre qui fermait le tombeau de sainte Anrélie.

A ceux qui seraient surpris de trouver N.-S. ainsi représenté, on peut répondre : « Il semble que les artistes chrétiens des premiers âges, pour embellir la consolante allégorie du Bon-Pasteur, n'aient pas craint de se conformer aux beaux modèles qui existaient alors en ce genre. Si le bon pasteur avait son type dans l'Evangile, il avait aussi son analogue dans les monuments antiques : les traits extérieurs de l'allégorie étaient semblables pour les yeux, mais le sens était différent pour le cœur. »

Quelquefois, tandis que le Bon-Pasteur retient avec amour sur ses épaules la brebis égarée, on aperçoit d'autres brebis couchées à ses pieds : elles lèvent la tête et paraissent lui demander une part des tendres caresses qu'il prodigue à celle qui a mérité le nom d'infidèle. — Dans la pierre tumulaire de sainte Aurélie, une seule brebis est auprès du bon pasteur; elle accourt vers lui (1) : c'est, comme nous le dirons, le symbole de l'empressement que la jeune Aurélie, représentée sous cet aimable emblème, sut mettre à chercher Jésus-Christ.

Note sur le vase ou fiole de sang placé près des loculi des martyrs dans les catacombes.

Parmi les objets sacrés qu'on peut recueillir dans les catacombes, les plus précieux peut-être sont les vases que l'on trouve enchâssés dans le ciment à l'angle extérieur de certains *loculi*. En effet, ces vases qui ont à peu près la forme des fioles dites vulgairement *lacrymatoires*, renferment le sang des martyrs auprès desquels elles sont placées.

---

(1) Daus le grand ouvrage des *Catacombes* de M. Perret, la pierre tumulaire de sainte Aurélie est reproduite, tome V, planche XV, insc. n° 11. Mais l'artiste, au lieu de représenter la brebis faisant un bond vers le pasteur, l'a dessinée debout, levant seulement la tête.

Dans le texte de l'ouvrage, page 150, 2ᵉ col., il est dit, en parlant de la pierre tumulaire de sainte Aurélie conservée à Notre-Dame-des-Victoires : « A gauche, on voit le bon Pasteur entre deux brebis. Il ne reste plus que celle de gauche, l'autre ayant été enlevée par la cassure de la pierre. » Nous croyons cette supposition inexacte; le fragment de marbre laissé à droite de la cassure ne permet pas de penser qu'il y ait eu primitivement une seconde brebis de ce côté.

Que ces vases contiennent réellement du sang, le célébre protestant Leibnitz l'a constaté, après une sérieuse expérience, et de nos jours l'analyse chimique n'a laissé aucun doute à cet égard; aussi sont-ils connus parmi les savants sous le nom d'*ampolla di sangue*, ainsi que le fait remarquer M. Raoul Rochette, secrétaire de l'Académie des beaux-arts, dans son tableau des catacombes, publié à Paris, en 1837.

Que le sang renfermé dans les fioles ou ampoules dont il s'agit, soit celui des martyrs, c'est un fait irrécusable, admis par la tradition et confirmé par le témoignage des saints Pères, par les actes primitifs des martyrs et par l'histoire des fouilles exécutées dans les catacombes.

Nous ne pouvons citer ici toutes les raisons que les auteurs spéciaux ont développées à l'appui de cette thèse. En voici le résumé tel à peu près qu'on le trouve dans le grand ouvrage sur les catacombes de Rome, publié en 1853, sous la direction de M. Perret et de plusieurs membres de l'Institut.

1° Les actes des martyrs établissent, d'une manière incontestable, le soin empressé que mettaient les premiers chrétiens à recueillir le sang de leurs frères morts pour la foi, la grande vénération dont ce sang était l'objet parmi eux, et l'usage constant où ils étaient de le conserver religieusement.

2° Saint Ambroise, l'un des plus illustres dépositaires de la tradition, signale la fiole du sang auprès d'une tombe comme un témoignage sans réplique que cette tombe renferme les restes d'un martyr. Voulant attester la certitude du tombeau des deux saints martyrs Vital et Agricola, il se contente de dire : *collegimus sanguinem triumphalem* : nous y avons trouvé le sang de leur triomphe (Exhort. ad Virg.). Pour annoncer l'heureuse découverte des corps de saint Gervais et de saint Protais : J'ai trouvé, dit-il, tout ce qu'il importait de rencontrer, les ossements intacts et beaucoup de sang, *inveni signa convenientia, ossa omnia integra et plurimum sanguinis* (Epist. lib. VII, epist. LIV). Saint Gaudence, évêque de Brescia et contemporain de saint Ambroise, est plus explicite encore. Dans un de ses sermons il s'exprime ainsi : Les bienheureux martyrs Gervais, Protais et Nazaire ont daigné révéler au saint prêtre Ambroise, la place où reposaient leurs restes précieux. Nous possédons leur sang ; ne demandons rien de plus, car nous avons dans ce sang, le témoignage de leur martyre : *nihil amplius requirentes, tenemus enim sanguinem qui testis est passionis.*

3° L'histoire des fouilles exécutées dans les catacombes prouve qu'on a trouvé des ampoules auprès des tombeaux dont les inscriptions ne laissent aucun doute sur le martyre des chrétiens dont les corps y reposent. Quelquefois même, le mot *sanguis* à côté du nom du martyr était écrit sur le ciment dans lequel les ampoules étaient scellées à côté de la tombe (1).

---

(1) Plusieurs découvertes de ce genre ont été faites en ces derniers temps, dans le cimetière de St-Calixte. Le ciment de l'ampoule du tombeau du saint Nicaise portait le mot *sanguis* abrégé en *sa* surmonté d'un trait; sur l'ampoule du tombeau de saint Victor, étaient écrites les quatre premières lettres du mot latin *sang;* sur celle du tombeau du saint Saturnin on lisait : *Sa Saturnii.*

A toutes ces raisons décisives, il n'y a plus qu'à ajouter un point de fait. L'Eglise aujourd'hui encore regarde la fiole de sang comme une marque si sûre des tombes de martyrs, que dès qu'elle la rencontre dans les anciens cimetières, elle ne craint pas d'offrir à la vénération des fidèles, les reliques renfermées dans ces tombes. Sa conviction est telle que l'absence même de nom, sur la pierre tumulaire, n'infirme pas la certitude de son jugement.

Le 27 novembre dernier, la sacrée congrégation des Rites a porté un décret qui ne laisse aucun doute sur la pensée de l'Église. Dans ce décret, que N. S. P. le Pape Pie IX a d'ailleurs revêtu de son autorité suprême, il est dit que, d'après les plus anciennes traditions, le vase où fiole de sang a toujours été regardé comme un moyen infaillible de reconnaître la tombe d'un martyre : *Tutissimum dignoscendi sacra hæc pignora (martyrum) signum a majorum traditione receptum erant phialæ vitreæ vel figulinæ cruore tinctæ aut crustas saltem sanguineas occludentes, quæ vel intra vel extra loculos sepultorum affixæ manebant.*

Le décret rappelle ensuite la décision formelle de la sacrée congrégation en date du 10 avril 1668, lorsque, à la suite des découvertes de Bosio, plusieurs savants élevèrent des doutes sur les signes véritables auxquels les tombeaux de martyrs peuvent être reconnus. *Sacra congregatio, re diligenter examinata, censuit palmam et vas illorum sanguine tinctum pro signis certissimis habenda esse.*

Enfin, après avoir signalé qu'en ces derniers temps, de nouvelles difficultés ont été soulevées par des hommes pleins de science, touchant la certitude du témoignage que peut donner la fiole de sang par rapport au martyre, le décret déclare qu'on doit s'en tenir à l'affirmative.

« At nostris hisce diebus alii supervenere viri eruditione æque pollentes et in sacræ archeologiæ studiis valde periti, qui vel scriptis vel etiam voluminibus editis adversus Phialam sanguineam utpotè indubium Martyrii signum decertarunt. Sanctissimus autem Dominus Noster PIUS PAPA IX, de decreti illius (scilicet anni 1668) robore et auctoritate haud hesitans, quum videret tamen eruditorum difficultates in ephemeridibus tum catholicis, tum heterodoxis divulgari, ad præcavendum quodlibet inter fideles scandalum sapientissimè censuit, ut hujusmodi difficultates in quadam peculiari sacrorum Rituum congregatione severo subjicerentur examini : peculiaris vero congregatio hæc nonnullis ex ejusdem sacrorum Rituum congregationis Cardinalibus, Prælatis officialibus ac selectis ecclesiasticis viris pietate, doctrinâ, prudentiâ rerumque usu eximiè præditis constituta, præ oculis habens universam argumentorum seriem nec non fidelem ejusdem secretarii relationem, quum omnia accuratissima ponderaverit disquisitione die 27 novembris vertentis anni, duobus his propositis dubiis:

1° An phialæ vitreæ aut figulinæ sanguine tinctæ quæ ad loculos sepultorum in sacris cœmeteriis vel extra ipsos reperiuntur, censeri debeant martyrii signum?

2° An ideo sit standum vel recedendum a Decreto sacræ congregationis indulgentiarum et reliquiarum die 10° aprilis 1668?

Respondit ad primum : AFFIRMATIVE.

Respondit ad secundum : PROVISUM IN PRIMO.

Note sur l'absence, dans les catacombes, de tout signe de vengeance de la part des chrétiens et de toute représentation qui rappelle le supplice des martyrs.

Nous empruntons cette double remarque au grand ouvrage de M. Perret.

« Combien d'exemples de cruauté à l'égard des chrétiens ne pourrions-nous pas signaler? et cependant, durant les cinq années que nous avons employées à explorer les catacombes et à en parcourir tous les détours, nous n'y avons rencontré aucun indice de ressentiment, aucun signe de vengeance, pas un seul anathème contre les bourreaux et les impies. Pendant la longue période des persécutions, sous l'influence habituelle des impressions les plus douloureuses, réduit à prier sur des tombeaux, et sans cesse occupé de devoirs sévères, le christianisme n'a laissé, dans ces vastes souterrains, que des monuments où respire la douceur, la bienveillance, la charité.

« ... Quel fait plus éloquent que cette immense multitude d'hommes de tous les rangs, si soumis dans l'adversité et si résignés dans le martyre, si humbles devant Dieu, si bons pour leurs semblables! quelle lumière pour l'observateur qui étudie la philosophie de l'art chrétien! »

« ... Un autre fait nous a frappé dans nos courses au milieu des catacombes : c'est l'absence de toute représentation du martyre. On n'y rencontre pas même l'image de Jésus en croix. La raison de ce fait est facile à trouver : on excite le courage des guerriers, non pas en leur peignant les horreurs du carnage, mais en faisant briller à leurs regards les récompenses de la victoire et l'éclat du triomphe. N'était-ce pas assez pour les chrétiens d'avoir chaque jour sous les yeux les membres sanglants des martyrs? C'était un père, une mère, une épouse, un fils, dont les corps mutilés avaient été achetés à prix d'argent, ou soustraits pendant la nuit à la vigilance des gardes. Ce qu'il fallait à ces hommes éprouvés par la persécution, c'était du courage, des consolations, l'image de la récompense céleste qui les attendait. Chose remarquable! toutes les peintures des catacombes tendent à ce but. On y voit, à côté de l'homme déchu, l'homme relevé par Jésus-Christ. Le fils de Dieu est lui-même représenté le plus souvent sous l'image du Bon-Pasteur portant sur ses épaules sa chère brebis. Les saints de l'ancien Testament apparaissent avec leur foi inébranlable au milieu des épreuves. L'Église vient ensuite sous la forme d'une nacelle qu'une main divine soutient au milieu des tempêtes. Et ces tableaux, dans leur partie décorative, n'offrent que des sujets aimables et gracieux, des représentations de vendanges, d'agapes, de scènes pastorales, des symboles d'agneaux, de colombes, de fleurs, de fruits, de palmes, de couronnes. C'est ainsi que l'asile de la mort nous apparaît dans les catacombes. Mais quand l'ère des persécutions fut passée, la représentation du martyre se produisit et se multiplia au point de couvrir les murs des basiliques chrétiennes. Ces représentations rappelaient aux enfants des martyrs les combats, les triomphes et la gloire de leurs pères. (*Les Catacombes de Rome*, par M. Perret, texte.)

NOTICE

SUR SAINTE AURÉLIE

ET SUR SES RELIQUES

QUE POSSÈDE L'ÉGLISE DE NOTRE-DAME-DES-VICTOIRES

NOTICE

SUR

SAINTE AURÉLIE ET SUR SES RELIQUES

I

Supplice et martyre de sainte Aurélie.

Voyez-vous cette châsse qui sert de piédestal à l'autel de l'Archiconfrérie. Là, derrière ces larges glaces, sur un coussin de velours et de soie, est étendue la dépouille mortelle d'une jeune chrétienne. C'est une sainte de l'Église catholique : l'auréole qui entoure son front en est le signe sacré (1). Le voile blanc qui la couvre, comme la jeune enfant au jour de sa première communion, vous indique que c'est une vierge (2). La tunique, couleur de pourpre (3) dont elle est revêtue, la palme (4) qu'elle tient à la main, les traces d'une blessure profonde que vous apercevez à son cou, cette urne d'or déposée à ses pieds, où vous pourriez voir, au milieu d'une sainte poussière d'ossements, les débris d'une fiole encore teinte de sang (5), tout cela vous dit que cette jeune chrétienne sut joindre le courage du martyre à la gloire de la virginité.

---

(1) L'auréole est un cercle d'or : on le trouve dans les plus anciennes peintures autour de la tête des saints. C'est l'emblème de la gloire dont les saints sont couronnés au ciel : *Isti sunt qui meruerunt præmia æterna; modo coronantur.* (Off. martyr) — *Corona aurea super caput ejus, expressa signo sanctitatis, gloria honoris...* (Ibidem.)

(2) C'est aux vierges surtout que l'Église se plaît à appliquer ces paroles de nos saints livres : *In velamento clamabant sancti tui, Domine. Candidi facti sunt... candidiores nive.* — Lorsqu'elle veut représenter Jésus-Christ marchant entouré des vierges, elle dit : *Pergis inter lilia.*

(3) Au chap. VII de l'Apoc., saint Jean dit des martyrs : *Laverunt stolas suas in sanguine agni.* Dans l'hymne des vêpres de l'office des martyrs, l'Église chante : *Rubri fluido sanguine.*

(4) L'Église chante encore le jour de la fête d'un martyr : *Quanta passi sunt tormenta ut securi pervenirent ad palmam martyrii... modo accipiunt palmam... cum palmâ ad regna pervenerunt.*

(5) Voir plus haut, page 11, une note sur la fiole de sang placée près des *loculi* des martyrs.

*

Quel est son nom ? — nous l'appelons Aurélie. Et n'allez pas croire que ce nom ait été inventé pour elle par la piété chrétienne dans la suite des générations : il était inscrit dès l'origine sur le marbre de son tombeau. Regardez au fond de la châsse : ne distinguez-vous pas une pierre tumulaire ? Sur cette pierre, au-dessus du monogramme de Jésus-Christ, tel que l'écrivaient les fidèles de la primitive Église, à côté de l'Image du Bon-Pasteur, portant sur ses épaules la brebis infidèle et regardant avec amour un agneau qui accourt près de lui et semble réclamer ses caresses, vous lisez ces troits mots : *Aureliæ bene merenti*, à Aurélie, qui a bien mérité. Comprenez le laconisme et les caractères symboliques de ce style lapidaire. Cette inscription gravée à la hâte (1), au moment où l'on déposa dans la tombe la jeune martyre, signifie, d'après les plus simples notions de la science archéologique : Cette sépulture a été élevée pour recevoir les restes précieux de la vierge Aurélie; elle a combattu le bon combat du Seigneur Jésus; elle a répandu pour lui tout son sang sous le glaive du martyre; le Bon-Pasteur l'a récompensée dans la béatitude des joies les plus pures : car s'il a des tendresses pour la brebis infidèle, combien plus n'en a-t-il pas pour celle qui le recherche et qui l'aime. Aurélie règne au ciel avec Jésus-Christ; que sa mémoire soit honorée sur la terre : elle est digne du culte des autels.

*

Dieu, qui sait appeler chacune de ses créatures par le nom qui lui convient, n'avait pas inspiré sans raison à ceux qui présentèrent notre jeune vierge-martyre à la régénération du baptême, la pensée de lui donner le nom d'Aurélie.

Aurélie ! dans son étymologie, à la fois latine et grecque, ce nom veut dire *soleil d'or* ou encore *brillante comme un soleil.* Aimable et glorieux nom! que tu me sembles bien convenir à ce jeune lis d'innocence, à cette rose d'amour divin qui furent empourprés d'un sang virginal (2).

---

(1) Ordinairement on ne prenait pas le temps de graver sur les tombes des inscriptions aussi longues. L'exception faite en faveur d'Aurélie semble indiquer qu'on tenait à perpétuer le souvenir de la jeune sainte, soit parce que sa position dans le monde avait fixé davantage les yeux sur elle, soit parce qu'elle s'était distinguée par ses vertus, soit enfin parce que son martyre avait été plus glorieux.

(2) quelques savants font dériver le nom d'*Aurélie* du mot sabin *Auselia*, qui signifie *soleil.*

*

Où et quand eut lieu la mort de la jeune Aurélie.

Au milieu du troisième siècle de l'Église, on vit monter, sur le trône des Césars, un soldat heureux, qui, après avoir passé par tous les grades de la milice, s'était avisé, presque sexagénaire, d'ambitionner la pourpre et de se faire proclamer empereur : Il se nommait Valérien.

Vers l'année 258, après quatre ou cinq ans de règne, Valérien, aussi ennemi du Christ qu'il était superstitieux pour ses fausses divinités, souleva contre les chrétiens une nouvelle persécution : c'était la huitième que les disciples du Sauveur eussent soufferte depuis Néron. Elle fut terrible et sévit surtout en Italie et à Rome. — Du reste, Dieu punit, dès ce monde, d'un affreux châtiment le tyran persécuteur : l'histoire nous apprend que, trahi par un faux ami dans une lointaine expédition, il fut livré au roi de Perse, Sapor. Son farouche vainqueur lui fit endurer pendant plusieurs années des tortures inouïes, et se plaisait à joindre aux tourments les plus cruels les plus sanglantes humiliations. Partout où il allait, Sapor se faisait accompagner par le César détrôné, et, l'obligeant à courber le dos, il se servait de lui comme d'un marche-pied pour monter à cheval.

Quoi qu'il en soit, ce fut à Rome durant la persécution de Valérien que notre jeune vierge Aurélie fut immolée pour le nom de Jésus-Christ. En effet, à la date du 2 décembre, le calendrier Romain, après avoir raconté le supplice de l'illustre sainte Bibiane, vierge-martyre aussi, mais du quatrième siècle, sous l'impie Julien l'apostat, ajoute : En ce même jour, on honore encore, à Rome, la passion des saints martyrs Eusèbe prêtre, Marcel diacre, Hippolyte, Maxime, Marie, Martane et Aurélie qui accomplirent leur martyre sous le juge Secondien, durant la persécution de Valérien (1).

*

Que sait-on sur les derniers moments de cette jeune sainte?

Les actes de son martyre ne sont pas arrivés jusqu'à nous. On ne peut donc faire ici que des conjectures; mais à coup sûr, il n'est pas invraisemblable de supposer que l'histoire de la jeune Aurélie fût à peu de chose près celle des Agnès, des Flavie, des Agathe, des Domitille, et de tant d'autres jeunes saintes sur le glorieux trépas desquelles nous possédons d'authentiques récits. Dénoncées comme chrétiennes tantôt par d'ingrats serviteurs qui espéraient de leur délation un riche salaire, tantôt par de jeunes extravagants qui charmés par leurs attraits avaient

---

(1) Le martyrologe romain signale à la date du 25 septembre, une autre sainte Aurélie, vierge, mais non martyre : elle aurait vécu à Anagnie.

aspiré à leur main et croyaient se venger d'un refus par une trahison, elles étaient citées devant les juges. Là, on les menaçait des plus horribles supplices, de la mort la plus cruelle et la plus honteuse, si elles refusaient de se soumettre aux volontés du César, c'est-à-dire si elles ne renonçaient point à Jésus-Christ et ne consentaient pas à brûler de l'encens devant les idoles : au contraire, le bonheur, la prospérité, des richesses de toutes sortes, des partis avantageux, la protection de l'empereur leur étaient assurés comme la récompense de leur apostasie. Mais nos jeunes saintes étaient trop bien établies dans les principes de la foi, qui en ce temps-là avait une sève saintement généreuse, elles méprisaient trop les joies de la terre, elles étaient trop désireuses de posséder Jésus-Christ, le père, le pasteur, l'époux de leurs âmes, pour se laisser ébranler par les menaces ou par les promesses. Aussi, aux propositions les plus séduisantes répondaient-elles avec ingénuité que tous les biens de ce monde étaient pour elles sans attraits ; et quand on les voulait contraindre à renier leurs croyances, n'avaient-elles pas assez de voix pour s'écrier qu'elles endureraient mille morts plutôt que de manquer de fidélité à Jésus-Christ. Irrités de se voir vaincus par de faibles femmes, les juges se laissaient emporter à tous les excès de la fureur ; ce n'étaient plus des hommes, c'étaient des bêtes féroces. Par leurs ordres, on inventait pour mettre à mort ces innocentes victimes des tortures, dont la description seule nous épouvanterait.

Ainsi, je le répète, en fut-il sans doute pour la jeune Aurélie. Et sans toutefois préjuger ce que durent être toutes les douleurs de son supplice, toujours est-il à croire que le glaive le termina : c'est ce qu'indique la fiole de sang déposée aux pieds de la jeune martyre.

II

Déposition du corps de sainte Aurélie dans les catacombes.

Entre les catacombes les plus célèbres de la cité sainte, il en est une qu'on désigne sous le nom de *Sainte-Priscille.* Elle est située au nord-ouest de Rome, non loin des portes de la ville, sur la gauche de la voie Salaria. C'est le plus ancien peut-être de tous les cimetières chrétiens. Là, du temps même des apôtres, l'illustre sainte Priscille, mère du sénateur Pudens, l'un des premiers disciples de saint Pierre, recueillait, avec ses petites-filles Praxède et Pudentienne, les restes sacrés des martyrs mis à mort par le premier persécuteur.

Les gloires de cette catacombe sont nombreuses. Toutes les persécutions lui envoyèrent leur tribut. Sous Néron, on y ensevelit tour à tour les membres de la famille de sainte Priscille. Sous Domitien, les corps des jeunes vierges-martyres Flavie et Domitille y furent inhumés. Plus tard, les fidèles y déposèrent les saintes reliques des papes Marcellin et Marcel. Enfin, durant la persécution de Dioclétien, dont la violence fut telle qu'en un mois Rome compta jusqu'à dix-sept mille martyrs, un grand nombre de ces héros reçurent la sépulture dans ce cimetière vénérable.

La dépouille mortelle de sainte Aurélie devait aussi être confiée à cette catacombe. Voulez-vous apprendre comment se fit l'inhumation de la jeune martyre ? Écoutez :

Je n'invente rien : la scène que je vais décrire se renouvelait dans les catacombes chaque fois qu'on y apportait de nouvelles victimes.

Un soir, à la faveur des ténèbres, des chrétiens se présentèrent à l'entrée de la catacombe de *Sainte-Priscille*. Ils portaient avec respect le corps inanimé d'une jeune fille et réclamaient l'autorisation de l'inhumer dans le grand dortoir des morts. — Quelle est cette enfant ? demandent les prêtres et les diacres préposés à la garde du cimetière. — C'est une jeune vierge, répondent les chrétiens ; elle se nomme Aurélie. Elle vient d'être immolée en défendant la foi du Seigneur Jésus. — Comment le savez-vous ? — Nous l'avons suivie devant les juges ; nous avons entendu l'arrêt qui la condamnait ; nous l'avons accompagnée jusque sur le lieu de son supplice ; nous l'avons vue mourir : voici le sang que nous avons recueilli de ses blessures. — La déposition des témoins ne laisse rien à désirer ; leurs preuves sont irrécusables : le fait du martyre d'Aurélie est constaté. Pendant que les notaires consignent par écrit les détails les plus circonstanciés sur la mort de la jeune sainte, le corps est confié aux mains des lévites, que l'Eglise appelait, dans son noble langage, *cubicularii martyrum*, les chambellans des martyrs. Ceux-ci, précédés par les prêtres et les diacres, viennent déposer la sainte dépouille dans un des *loculi* préparés à l'avance. On trace à la hâte, sur un fragment de marbre, le monogramme du Christ, l'image du bon Pasteur et le nom d'Aurélie. L'inscription est placée à l'entrée de la tombe ; on l'y scelle avec de la chaux vive. A côté, dans le tuf même, visible à tous les regards, on incruste une fiole du sang de la défunte : désormais, ce signe authentique du martyre et de la canonisation indiquera que la jeune Aurélie doit être l'objet d'un culte spécial de vénération et de louanges.

Avant de se retirer, les chrétiens s'agenouillent, et, saluant Aurélie du titre de sainte, ils implorent son secours et sa protection.

III

Le tombeau de sainte Aurélie demeure inconnu pendant plusieurs siècles.

Que se passa-t-il auprès de la tombe de sainte Aurélie, depuis le jour mémorable de son inhumation. — Sans doute, dans les années qui suivirent, souvent on vit de jeunes vierges venir s'agenouiller aux pieds de la jeune martyre et s'inspirer près de ses cendres de sa virginale pureté et de son généreux courage ; et tous les ans, quand le 2 décembre ramenait l'aniversaire de son glorieux trépas, les fidèles s'empressaient d'entourer de lumières et de fleurs le glorieux *loculus.*

Mais un jour vint, où ce tombeau précieux fut soustrait à tous les regards : la galerie où il se trouvait avait été complétement obstruée par des monceaux de terre.

Quand et comment cet accident arriva-t-il? on ne saurait le préciser. Doit-on l'attribuer aux chrétiens eux-mêmes qui se seraient vus forcés, ainsi qu'il arrivait quelquefois dans le feu d'une persécution, d'ouvrir à la hâte de nouvelles galeries pour enterrer les nombreuses victimes du fanatisme païen, et de jeter les terres qui en provenaient dans des corridors anciens dont tous les *loculi* se trouvaient garnis? Cet accident eut-il lieu plus tard, lors de l'invasion des Vandales à Rome, époque de désastre pour la ville souterraine des papes comme pour la cité opulente des Césars; ou bien fut-il simplement la suite d'éboulements de terrain, causés par des infiltrations d'eau? Encore une fois, il serait difficile de se prononcer.

IV

Découverte des reliques de sainte Aurélie.

La garde générale des catacombes est confiée au cardinal-vicaire. Son premier lieutenant est le prélat sacriste du palais apostolique. Sous ses ordres sont plusieurs ecclésiastiques, nommés députés des catacombes. Ils désignent les cimetières où les fouilles doivent avoir lieu, dirigent et surveillent les travaux des fossoyeurs (1).

---

(1) Les fossoyeurs des catacombes sont des hommes recommandables par leur probité et leur expérience; — leur travail est payé sur les fonds provenant des dispenses de mariage.

Lorsqu'en déblayant les galeries, les fossoyeurs découvrent un *loculus* qu'ils présument être un tombeau de martyr, ils en donnent avis au député particulier de la catacombe. Cet ecclésiastique se rend aussitôt sur les lieux; il examine soigneusement la tombe, s'assure qu'elle est parfaitement intacte et constate l'existence des signes du martyre — l'enveloppe de ciment et de chaux renfermant une fiole de sang. Le cardinal-vicaire et l'évêque-sacriste sont alors prévenus. Ils indiquent le jour où se fera l'ouverture du tombeau. Ordinairement ils ont la bonté d'en informer quelques-uns des étrangers qui se trouvent à Rome. Le Saint-Siége saisit toutes les occasions de montrer avec quelle prudence il procède dans l'extraction et la reconnaissance des reliques offertes à la vénération des fidèles. (Mgr Gaume, *Catacombes.*)

*

Dans les premiers jours du mois d'avril 1842, des fossoyeurs occupés à déblayer une galerie de la catacombe de Sainte-Priscille, découvrirent un *loculus* qui fixa tout d'abord leur attention. La pierre tumulaire portait ces mots *Aureliæ bene merenti,* accompagnés de l'image du Bon-Pasteur et du monogramme du Christ : à l'angle droit, dans le tuf, on distinguait des traces de ciment et de chaux sous lesquels devait être cachée une fiole de sang. C'était la tombe de notre jeune Sainte, telle que l'avaient élevée les chrétiens du troisième siècle.

Mgr Castellani, évêque de Porphyre, alors gardien des catacombes et du trésor apostolique, fut bientôt averti. Le prélat fixa le 18 du même mois pour la levée du saint corps. Ce jour-là, vers dix heures du matin, plusieurs voitures se dirigeaient par la voie *salaria* vers la catacombe de Sainte-Priscille. Elles conduisaient Mgr Castellani et quelques étrangers de distinction que le prélat avait fait prévenir.

Le célèbre père Marchi, chargé de diriger les travaux des fossoyeurs, avait pris les devants. Sur l'invitation du religieux, la pieuse caravane, précédée par des guides portant des torches, s'enfonça dans les galeries basses et tortueuses de la cité souterraine.

Lorsqu'on fut arrivé auprès de la tombe nouvellement découverte, les guides s'arrêtèrent; à leur exemple, chacun demeura immobile à la place où il se trouvait. Seul, Mgr Castellani s'approcha du *loculus*, et promenant la torche d'un des guides sur toutes les parties de la dalle de marbre qui fermait l'entrée du tombeau, il l'examina avec la plus minutieuse attention. S'étant assuré que le scellement en était parfaitement intact, il donna l'ordre à l'un des fossoyeurs de procéder à l'extraction du vase de sang. Armé d'un outil pointu, l'ouvrier pique légèrement l'endroit indiqué : plusieurs couches de chaux tombent en écailles et laissent enfin entrevoir la précieuse ampoule : on en remet les fragments à Mgr Castellani. Pendant que le prélat fait remarquer aux assistants les traces de sang coagulé qu'on aperçoit encore sur les parois du verre, deux fossoyeurs s'occupent à desceller la pierre tombale.

Au moment où le corps de la jeune Aurélie apparut, une religieuse émotion s'empara des assistants et tous, comme instinctivement, s'agenouillèrent. Cependant une longue caisse en bois venait d'être approchée du loculus par les fossoyeurs. Les saint ossements y furent placés avec soin, et le prélat la ferma lui-même et la scella de son sceau en plusieurs endroits. Porté par des ecclésiastiques, comme l'arche du désert sur les bras des lévites d'Israël, le sacré dépôt prit la tête de la caravane.

A l'entrée de la catacombe, Mgr Castellanni dressa le procès verbal de ce qui avait eu lieu. L'acte fut lu à haute voix, signé par les témoins et revêtu du sceau du prélat.

Quelques moments après, les saintes reliques étaient placées dans la voiture de Mgr l'Evêque de Porphyre qui les emportait à la Custode générale (1).

V

Un pèlerinage dans les catacombes au tombeau de sainte Aurélie.

Plusieurs escaliers cachés dans des vignes, autrefois renommées par leur fertilité, donnent accès dans la catacombe de Sainte-Priscille. Prenons le premier qui s'offrira à nos regards, et disposons-nous à descendre.

— Mais auparavant recueillons-nous : car le pèlerinage des catacombes est l'un des plus saints qui se puissent accomplir ; avant d'oser pénétrer dans ces lieux sanctifiés, le chrétien doit bannir de son esprit toute pensée profane et réveiller dans son âme les grands souvenirs de la foi.

Nos guides sont prêts. A la clarté des torches qu'ils portent devant nous, descendons. Soixante marches et plus sont franchies ; nous sommes à près de cinquante pieds au-dessous du sol : entrons dans les galeries. Dans l'une des premières, nous allons nous trouver sur le seuil d'une des plus belles cryptes de la Rome souterraine : recouverte de briques romaines, elle offre la forme d'une basilique. Contemplons un instant ce sanctuaire primitif : aussi bien, ici la nuit est moins épaisse, un filet de lumière nous arrive par un étroit lucernaire qu'on prendrait volontiers pour le clocher de cette église des anciens jours. Ne nous bornons pas à ce regard de légitime et pieuse curiosité, agenouillons-nous avec

---

(1) La *Custode* est comme le quartier général des martyrs sortis des Catacombes. Là, ces héros, ces héroïnes de la foi primitive attendent les ordres du vicaire de Jésus-Christ pour aller porter aux églises des différentes parties du monde le triple secours de leur présence, de leurs exemples et de leurs prières. A chaque départ, on inscrit sur des registres publics à côté du nom du martyre celui de la personne, de la ville ou de l'église à qui est accordé le précieux dépôt. (*Trois Rome.*)

respect sur ce sol sacré où tant de saints vinrent prier autrefois, et reprenons notre pèlerinage. A la suite de nos guides, engageons-nous dans ces galeries basses et tortueuses qui s'offrent devant nous. Nous serons parfois obligés de ramper presque sur nos mains et d'affronter la boue séculaire formée par les infiltrations d'eau qui, en plusieurs endroits, ont dégradé la catacombe : n'importe, poursuivons sans crainte notre route au milieu de ce ténébreux labyrinthe.

Nous voici arrivés dans une galerie dont l'aspect semble plus imposant encore que dans les précédentes. Elle est plus étroite, nos vêtements en frôlent les deux parois latérales ; les *loculi* sont plus rapprochés les uns des autres ; çà et là, on aperçoit des tombes encore fermées ; les autres, on le voit, ont été tout dernièrement ouvertes ; l'air qu'on respire ici est plus lourd et plus humide, le silence plus solennel ; l'indéfinissable impression de sainte horreur et de religieuse tristesse qui saisit comme instinctivement l'âme chrétienne dans ce mystérieux séjour grandit à chaque pas... Tout à coup, le chef de nos guides s'arrête, et, promenant lentement sa torche autour d'un *loculus* dont la pierre tumulaire paraît enlevée depuis peu : *Ecco !* dit-il d'une voix sonore, la voilà !

Oui, la voilà, cette tombe où pendant seize siècles dormit ignorée la sainte dépouille d'Aurélie ! la voilà, cette tombe où la déposèrent les heureux témoins de son martyre !

Agenouillons-nous et prions.

VI

Donation du corps de sainte Aurélie à M. Des Genettes.

Depuis quatre ans le Pape Grégoire XVI avait élevé à la dignité d'Archiconfrérie la pieuse association de Notre-Dame-des-Victoires. Les progrès merveilleux de cette œuvre providentielle, son extension rapide dans le monde entier, inspirèrent à M. des Genettes la pensée d'aller à Rome. Le saint curé avait à cœur de déposer aux pieds du Souverain Pontife l'hommage de sa reconnaissance ; et il comprenait la nécessité de puiser dans la bénédiction du vicaire de Jésus-Christ une force nouvelle et des grâces plus abondantes pour accomplir la belle mais difficile mission qui lui était confiée.

Le 25 juin 1842, le vénéré fondateur de l'Archiconfrérie arrivait à Rome. Il y demeura jusqu'au 18 juillet. Durant ces trois semaines M. des Genettes eut le bonheur de voir deux fois le Souverain Pontife et d'en recevoir l'accueil le plus bienveillant et le plus paternel. Ces témoignages non douteux d'une sympathie exceptionnelle pour M. des Genettes ne suffirent pas à Grégoire XVI. Afin de lui donner aussi une preuve authentique de l'affection qu'il portait à l'Archiconfrérie, le Saint-Père désira lui offrir un présent qui fût un nouveau titre de gloire pour le sanctuaire privilégié de Notre-Dame-des-Victoires, et il n'en trouva pas de plus digne de réaliser sa pensée que les reliques de sainte Aurélie, récemment extraites des Catacombes.

Voici ce qu'écrivit à ce sujet M. des Genettes lui-même dans la relation de son voyage :

« Dans l'intervalle qui s'écoula entre nos deux audiences, Sa Sainteté daigna donner à l'église de Notre-Dame-des-Victoires, pour l'Archiconfrérie, un corps saint. C'est le corps de sainte Aurélie, martyre : il est accompagné du vase où son sang fut recueilli et de la pierre tumulaire en marbre blanc qui fermait son tombeau. »(Ann. T. I. Bulletin 2me, novembre 1842.)

Toutefois M. des Genettes ne put pas rapporter avec lui, à son retour de Rome, les précieuses reliques. Ainsi qu'il se pratique en Italie, le Pape avait donné l'ordre que les saints ossements fussent placés dans un *Corpo Santo* ou figure modelée en cire représentant sainte Aurélie, telle qu'elle avait dû être au moment de son martyre (1). Plusieurs mois étaient nécessaires pour l'exécution de ce travail.

———————

VII

Translation des reliques de la sainte dans l'autel de l'Archiconfrérie.

Le saint corps arriva à Notre-Dame-des-Victoires dans les premiers jours de l'année 1843. On le garda dans le chœur de l'église jusqu'à la fête de l'Annonciation, jour fixé par M. des Genettes pour la translation solennelle. — Durant l'intervalle de temps qui s'était écoulé jusqu'au 25 mars, l'ancien autel de l'Archiconfrérie avait été enlevé (2), et on lui avait substitué un autel plus riche, disposé en forme de grand reliquaire.

Le 24 au soir, les saintes reliques furent extraites, en présence de té-

———————

(1) Ce *Corpo Santo* est encore celui qu'on voit aujourd'hui dans la châsse sous l'autel de l'Archiconfrérie : seuls, les vêtements ont dû être renouvelés. Aux bras et aux pieds aussi bien que dans la plaie simulée qu'on distingue au cou, des ouvertures ont été ménagées dans les vêtements et dans la cire, pour laisser apercevoir les saints ossements.

(2) Cet autel fut transporté dans la chapelle de saint-Joseph ; il s'y trouve encore.

moins, du coffret (1) où elles étaient demeurées jusque-là, et on les déposa dans une châsse de bois tapissée de velours cramoisi et fermée par des glaces de cristal. Le 25, dès six heures du matin, la châsse fut placée à l'entrée du chœur, au milieu de fleurs et de lumières, afin que les fidèles pussent plus facilement satisfaire leur dévotion et vénérer les précieuses reliques.

A deux heures et demie eut lieu la cérémonie de la *translation*, l'une des plus belles dont les associés aient conservé le souvenir. Elle fut présidée par S. Ex. Mgr Garibaldi internonce du Saint-Siége à Paris. Un grand nombre d'ecclésiastiques, auxquels Mgr l'Evêque de Nancy avait bien voulu se réunir, y assistèrent. — Pendant que le chœur de musique exécutait un chant de triomphe, le saint corps, porté sur un riche brancard par des prêtres et des diacres en aube et en étole, au milieu d'un nombreux clergé, parcourut l'Eglise. Puis on vint solennellement le déposer, au pied de la statue miraculeuse de Notre-Dame-des-Victoires, dans l'autel récemment construit, dont M. l'abbé Eglée, vicaire général de Paris, scella l'ouverture avec les sceaux de l'Archevêché.

Depuis ce jour, les saintes reliques n'ont pas quitté cette place d'honneur, sauf en quelques rares circonstances, lorsque des réparations durent être faites à l'autel où à la sainte châsse; chaque fois qu'un déplacement fut jugé nécessaire, un procès verbal fut dressé.

Le dernier déplacement eut lieu le 17 avril 1863, lors de la grande restauration de l'église. (Voir le bulletin d'avril 1863, p. 38.) Il s'agissait de substituer un magnifique autel en marbre blanc à celui de 1843 (2). Cette fois, on dut briser en présence de témoins les sceaux précédemment apposés sur la châsse, afin de l'adapter au nouvel autel.

---

(1) Dans ce coffret scellé des sceaux de Mgr l'évêque de Porphyre se trouvait l'acte de donation, religieusement conservé depuis dans les archives de N.-D.-des-Victoires. En voici la traduction :

Nous, Jos. Castellani, par la grâce de Dieu et du Siége apostolique, évêque de Porphyre et gardien du trésor apostolique, attestons à tous ceux qui verront ces lettres, qu'à la plus grande gloire de Dieu tout puissant et à l'honneur de ses saints, nous avons, par l'ordre de Sa Sainteté Grégoire XVI, Souverain-Pontife, donné au Révérend Dufriche-Des-Genettes, curé de Notre-Dame-des-Victoires de la ville de Paris, le corps de sainte Aurélie, martyre de *nom propre*, que nous avons trouvé dans le cimetière de sainte Priscille, avec le vase qui contient son sang, et un marbre sur lequel est gravée cette épitaphe : *Aureliæ bene merenti* et que nous avons extrait, par l'ordre de Notre-Saint-Père le Pape le 18 avril 1842; pour ce corps saint être déposé sous l'autel dédié à la très-sainte mère de Dieu, dans l'église de N.-D.-des-Victoires. Nous avons placé avec respect le saint corps dans une châsse de bois, fermée de toutes parts et entourée de rubans de soie rouge, que nous avons scellée de notre sceau.

Signé : S. CASTELLANI, ÉVÊQUE DE PORPHYRE.

J. CAN. PALMIERO, SECRÉTAIRE.

(2) L'autel construit en 1843 est actuellement dans la chapelle de Saint-Augustin, en face de celle de l'Archiconfrérie. On y a déposé les principaux reliquaires de l'église.

Pendant qu'on exécutait les travaux, le corps de la sainte fut déposé dans une armoire fermée à clef. Le 22 du même mois, tout étant prêt pour les recevoir, les saintes reliques furent replacées dans la châsse, sur laquelle un ecclésiastique délégué par l'archevêché de Paris apposa le sceau de l'Archiconfrérie, et on les transporta dans le nouvel autel.

Espérons que la piété des fidèles qui aime à les y venir contempler et vénérer, les y pourra toujours vénérer et contempler.

Note sur la fête de sainte Aurélie et l'Indulgence dont elle est enrichie.

Vers la fin de l'année 1843, M. Des Genettes adressa une supplique au Saint-Siége, à l'effet d'obtenir que la fête de Sainte-Aurélie fut chaque année célébrée solennellement à Notre-Dame-des-Victoires, le 3ᵐᵉ dimanche après Pâques. — Par un indult apostolique, en date du 19 janvier 1844, le Pape Grégoire XVI accéda aux pieux désirs du vénérable curé. *Sanctitas sua benignè annuit juxta oratoris preces,* est-il dit dans cet indult signé par S. Em. le Cardinal Micara, préfet de la sacrée congrégation des Rites, et contresigné par le secrétaire de la même congrégation.

Un peu plus tard, M. Des Genettes obtint que la fête de Sainte-Aurélie serait enrichie d'une *Indulgence plénière*. Plusieurs fois cette Indulgence fut promulguée par le pieux fondateur de l'Archiconfrérie. Toutefois, son successeur n'ayant pas trouvé dans les archives de l'Église la pièce authentique constatant cette indulgence, soumit son embarras à Rome ; et N. S. Père le Pape Pie IX daigna, par un bref apostolique en date du 21 novembre 1861, confirmer les traditions du passé. Voici la traduction de ce Bref :

« PIE IX PAPE, POUR PERPÉTUELLE MÉMOIRE. — Désireux, par une pieuse charité, d'accroître la Religion des fidèles et de pourvoir au salut de leurs âmes, en leur communiquant les trésors célestes de l'Église, nous accordons miséricordieusement dans le Seigneur, pour chaque année, Indulgence plénière et rémission de tous leurs péchés à tous les associés présents et futurs de la pieuse Archiconfrérie érigée sous le titre du Très-Saint-Cœur de la Vierge Marie en l'église de Notre-Dame-des-Victoires, à Paris, aux fêtes de... ; enfin à celle de Sainte-Aurélie, vierge et martyre, pourvu que, depuis les premières vêpres de chacune des susdites fêtes jusqu'au coucher du soleil, ils visitent dévotement l'église de Notre-Dame-des-Victoires, et y offrent à Dieu de ferventes prières pour la concorde entre les princes chrétiens, l'extirpation des hérésies et l'exaltation de l'Église Notre sainte Mère. Cette indulgence peut être appliquée, par manière de suffrage, aux âmes des fidèles qui ont quitté ce monde en union avec Dieu par la charité... Donné à Rome près saint Pierre, sous l'anneau du pécheur, le 26 novembre 1861, de notre pontificat l'an seizième. Pour l'Ém. card. Pianetti, J. B. Brancaleoni Castellani, substitut. »

CONCLUSION

En terminant cette notice, qu'il nous soit permis d'adresser une prière d'action de grâce à Jésus-Christ, et d'offrir à notre jeune sainte Aurélie les hommages de notre vénération.

Seigneur Jésus! qui vous montrez si admirable dans le soin que vous prenez de glorifier vos saints, soyez à jamais béni d'avoir entouré de tant de gloire la jeune vierge Aurélie! Il nous est impossible de ne pas reconnaître dans cette gloire même l'accomplissement des promesses qué vous avez faites à vos serviteurs. Vous avez dit que leurs tombeaux seraient glorieux (1). Eh quoi! depuis que cette jeune sainte a paru sur la terre, que de grands, que de potentats, que de princes se sont suc-succédés : leur nom a péri; qui sait où fut leur tombe? et voilà que les cendres de la vierge Aurélie sont aujourd'hui, après dix-sept siècles, en-tourées d'honneur. Vous aviez révélé à votre apôtre bien-aimé que vos martyrs seraient couronnés au ciel, qu'ils y recevraient la palme de la victoire (2) ; et voilà que, dès ce monde même, je vois tous les emblèmes du céleste triomphe, déposés par la sainte Église sur les restes mortels de la jeune martyre. Encore une fois, Seigneur Jésus, soyez mille fois béni !

Et vous, jeune sainte Aurélie, je voudrais chanter un hymne d'allé-gresse à votre louange. Que je vous félicite d'avoir été destinée à re-hausser par votre présence la gloire du sanctuaire vénérable de Notre-Dame-des-Victoires, à servir de piédestal à l'autel de Marie. Comment donc un tel honneur vous a-t-il été réservé? Qu'avez-vous fait pour le mériter? — Je ne crois pas me tromper, en supposant que vous l'avez acheté, non-seulement par la pureté virginale de votre cœur, non-seu-lement par votre ardent amour pour Dieu, par le généreux sacri-fice de votre vie; mais sans doute encore par une dévotion toute spé-ciale envers l'auguste Reine de l'Église. Il me semble voir cette divine vierge contemplant à l'avance, du haut du ciel, son sanctuaire bien-aimé de Notre-Dame des Victoires, et disant à Jésus-Christ : ô mon fils, entre tous les saints de votre cour, c'est la jeune vierge Aurélie que je

---

(1) Pretiosa in conpectu Domini mors sanctorum ejus (Psal. cxv, 5) — Corpora sanctorum in pace sepulta sunt (Eccli xliv, 14). — Custodit Dominus ossa eorum : unum ex his non contereretur (Psal. xxxiii, 20). — Vivent nomina eorum in perpe-tuum (Sap. v, 16). — Ecce quomodo computati sunt inter filios Dei (Sap. v, 5).

(2) Sancti mei qui, in carne positi, certamen habuistis, mercedem laboris ego reddam vobis. — Qui pro Christi amore sanguinem suum fuderunt ideo cum Christo exultant sine fine. — Lætitia sempiterna erit super capita eorum. — Filiæ Jerusalem venite et videte martyres cum coronis quibus coronavit eos Dominus. — Tradiderunt corpora sua propter Deum ad supplicia... modo coronantur et accipiunt palmam. — Ante thronum Dei serviunt ei die ac nocte. — (Extraits de l'Office des Martyrs.)

me réserve pour servir de parure à l'autel béni d'où j'attirerai à votre amour tous les pécheurs.

Illustre martyre! Ah, je comprends maintenant pourquoi Dieu, qui sait si bien dispenser à ses saints la gloire extérieure, à l'heure et au jour marqués dans ses décrets adorables, a voulu durant tant de siècles tenir cachée aux regards des hommes votre dépouille mortelle. Il craignait que quelqu'autre sanctuaire célèbre ne réclamât vos restes précieux, et il avait à cœur que la renommée de votre nom devint d'autant plus grande qu'il serait révélé après un plus long temps d'oubli. Grand Dieu! vous nous montrez bien par cette conduite que vous connaissez les tendances naturelles à l'esprit de l'homme, et que vous savez en tenir compte. Si le savant qui étudie les astres du ciel salue et aime toutes ces brillantes étoiles que nous contemplons sous la voûte du firmament, ne salue-t-il pas avec plus de bonheur, n'aime-t-il pas davantage cette étoile mystérieuse qui, jusque là cachée à ses regards, lui envoie tout à coup sa douce et vive lumière ?

O jeune sainte, que j'eusse voulu être du nombre de ces heureux chrétiens à qui il fut donné d'être les témoins de votre martyre, qui recueillirent votre sang généreux, qui soutinrent de leurs mains votre tête défaillante, qui ensevelirent dans les catacombes votre sainte dépouille. Mais, à défaut de ce bonheur, je puis en ambitionner un autre : celui de faire connaître votre nom désormais inséparable du nom à jamais célèbre de Notre-Dame des Victoires, celui de rendre votre culte cher à tous les associés de l'Archiconfrérie.

Douce vierge Aurélie, nous qui avons été constitués, par le Pontife de Rome même, les gardiens de vos précieux restes, nous aspirons à vous voir un jour au ciel. Ah! il me semble qu'entre tous les bienheureux de cette Jérusalem céleste, avec lesquels nous serons admis à chanter les miséricordes de Dieu, nous éprouverons un bonheur indicible à contempler de nos yeux vos traits chéris. Mais vous, jeune sainte, n'oubliez pas que vous nous avez été donnée par ce pieux pontife, pour protectrice auprès de Jésus, pour intermédiaire auprès de Marie : et afin que nous le méritions comme vous, ce ciel objet de nos désirs, obtenez-nous à tous d'imiter votre foi vive et intrépide, votre candide innocence, et cet amour pour Dieu qui sut aller jusqu'à la mort, jusqu'au martyre.

Paris. — De Soye et Bouchet, imprimeurs, 2, place du Panthéon.

Paris. — De Soye et Bouchet, imprimeurs, 2, place du Panthéon.